Brasil
cores e sentimentos
Brazil colors and feelings

© 2001 by Araquém Alcântara

Todos os direitos desta edição reservados
Escrituras Editora e Distribuidora de Livros Ltda.
Rua Maestro Callia, 123 - Vila Mariana - 04012-100
São Paulo, SP - Telefax: (11) 5082-4190
e-mail: escrituras@escrituras.com.br
site: www.escrituras.com.br

Dados Internacionais de Catalogação na Publicação (CIP)
(Câmara Brasileira do Livro, SP, Brasil)

Alcântara, Araquém, 1955-
  Brasil: cores e sentimentos – Brazil: colors and feelings/
Fotos: Araquém Alcântara. – 2. ed. – São Paulo: Escrituras
Editora, 2003.

  ISBN: 85-7531-010-0

  1. Fotografias – Brasil I. Título. II. Título: Brazil colors
and feelings.

03-0256   CDD-779.9981

Índice para catálogo sistemático:

  1. Brasil: Fotografias   779.9981
  2. Fotografias: Brasil   779.9981

COORDENAÇÃO EDITORIAL
Raimundo Gadelha

PRODUÇÃO GRÁFICA
Anderson Nobara

FOTOGRAFIAS
Araquém Alcântara

PROJETO GRÁFICO
Bianca Saliba Di Thomazo

TRADUÇÃO
Ament Serviços e Eventos Ltda. (Inglês)
Josep Domènech e Juan Figueroa (Espanhol)
Joana Cañedo(Francês)

REVISÃO
Joana Cañedo(Português)
Fernando Gustavo Acuña (Inglês)
Lelia Romero (Espanhol / Francês)

FOTOLITO
Paper Express

IMPRESSÃO
Takano Editora Gráfica Ltda.

Impresso no Brasil
Printed in Brazil

Brasil
cores e sentimentos
Brazil colors and feelings

Araquém Alcântara

escrituras
São Paulo, 2003

2ª edição

Apresentação

Este livro não aconteceu por acaso. É resultado de um longo e difícil trabalho. De paciência, luta e continuidade. De perseverança, amor e amizade. São fotos de gente rindo, jogando uma pelada, contemplando uma paisagem bucólica, lutando pela sobrevivência, carregando uma lata d'água ou um feixe de lenha na cabeça, navegando os rios que são os caminhos naturais da densa floresta tropical, pastoreando cabras, participando de uma vaquejada. São fotos de cenas do nosso rico folclore, da nossa rica biodiversidade. Pássaros aninhados ou em revoada, rios, pântanos e lagoas, combinando as belezas da mata com o mistério aquático da vitória-régia, cachoeiras, dunas de areia e costões rochosos, caatinga, grutas, formas de erosão em forma de areões e escarpas, casas modestas com roupas no varal… Tudo numa disposição fractal e caótica de harmonias interpostas.

O conjunto de fotos aqui apresentado é o hábitat onde os principais tipos de vida convivem e interagem, é um convite à valorização dos nossos contrastes naturais e sociais. Ao registrar momentos preciosos da nossa gente, da nossa flora, da nossa fauna, da nossa paisagem, Araquém Alcântara apresenta um conteúdo poético do dia-a-dia.

Durante toda a minha vida profissional tenho sido levado a realizar um trabalho principalmente técnico. Entretanto, neste livro, tive a oportunidade de um contato direto com a nossa gente, as nossas paisagens, a labuta do nosso povo. Portanto, esta coletânea de fotos me levou a fazer algo pessoal, a buscar as raízes da maravilhosa experiência de vida, o espaço para minha alma e a alegria de registrar algo que eu tanto amo.

A continuidade e a unidade do trabalho apresentado, contendo todas as diversidades em convivência poética, é a essência deste livro. Sinto-me realizado por ter tido a alegria de participar deste jogo lúdico de quem fotografou as coisas que me encantam, com interatividade de tanta harmonia e melodia.

Professor Aldo da Cunha Rebouças
Instituto de Estudos Avançados da Universidade de São Paulo
Ex-presidente da Associação Latino-americana de Hidrologia Subterrânea para o Desenvolvimento

Foreword

This book did not come about by accident. It is the result of a long and difficult task. It is a task of patience, struggle, continuous change, perseverance, love, and friendship.

There are photos of people laughing, playing a casual game of soccer, contemplating a rural scene and struggling for survival. There are images of people carrying a five-gallon tin can of water or a bundle of firewood on their heads, navigating the rivers which are the natural waterways through the dense tropical forest, herding goats, and participating in a cattle round-up. There are photographs of scenes, from our rich folklore and our rich biodiversity, with birds flocking or nesting, rivers, swamps, and lakes. All are combining the beauty of the forest with the aquatic mystery of the giant lily pad, waterfalls, sand dunes, rocky coasts, arid scrubland, caves, the effects of land eroded into sand and canyons, and modest houses with clothes drying on the line…. All in a fractal and chaotic form of interposed harmonies.

The collection of photos presented here is the habitat where the principal life forms live and interact together. It is an invitation to appreciate the value of our natural and social contrasts. So by preserving the precious moments of our people, flora, fauna and landscape, the Araquém Alcântara has presented a poetic image of daily life.

Throughout my entire professional life I have been primarily involved in technical work. However, this book has provided me with the opportunity of having direct contact with our people, landscapes, and the toil of our people. So this collection of photographs has led me to something personal, a search for the roots of the marvelous experience of life, the space for my soul, and the joy of recording something that I love so much.

The continuity and unity of the work presented, containing all diversity in poetic coexistence, is the essence of this book. I feel a deep sense of satisfaction and pleasure in having participated in this experience of photography of things which delight me, interacting with so much harmony and melody.

Professor Aldo da Cunha Rebouças
Advanced Studies Institute of the University of São Paulo
Former President of the Water Latin-American Association for Development

A modo de prólogo

No ha surgido este libro por casualidad. Es fruto de un largo y arduo trabajo. De paciencia, de lucha y tesón. De perseverancia, amor y amistad. Sus fotografías son imágenes de gente que ríe o juega a la pelota, contempla un paisaje bucólico, lucha por la supervivencia o acarrea agua y haces de leña sobre la cabeza. Que navega los ríos, caminos naturales en la espesa selva tropical; que pastorea los rebaños de cabras o reúne la vacada dispersa. Son escenas de nuestro rico folclore, de nuestra biodiversidad. Aves en sus nidos o alzando el vuelo, ríos, pantanos y lagunas; imágenes que mezclan las bellezas de los bosques con el misterio acuático de la victoria-regia (nenúfares), cascadas, dunas de arena y rompientes rocosas, cerrado, grutas, los efectos de la erosión en los arenales o en las ásperas escarpas, casas humildes con sus ropas tendidas... Todo fragmentado en un caos armónico.

Las fotografías aquí recogidas revelan el hábitat en que conviven e interactúan las principales formas de vida. Nos invitan a mirar con otros ojos y descubrir nuestros contrastes naturales y sociales. La mirada de Araquém Alcântara recoge instantes preciosos de nuestras gentes, de la flora y fauna, de nuestros paisajes, descubriendo su inmenso contenido poético.

Mi vida profesional me ha obligado a realizar trabajos eminentemente técnicos. Este libro, sin embargo, me da la oportunidad de acercarme a nuestras gentes y sus paisajes, a los quehaceres de nuestro pueblo. Así, esta colección de fotos que el lector tiene ante los ojos me ha llevado a hacer algo personal, a buscar las raíces de la experiencia maravillosa de la vida, el espacio de mi alma y la alegría de contemplarme ante lo que tanto amo.

La continuidad y la unidad de este trabajo, que logra armonizar poéticamente tan rica diversidad, representan la esencia del libro. Me siento dichoso por haber podido participar de alguna manera en este juego creativo de Araquém Alcântara, quien ha fotografiado las cosas que me encantan con tal armonía y melodía.

Profesor Aldo da Cunha Rebouças
Instituto de Estudios Avanzados de la Universidad de São Paulo
Expresidente de la Asociación Latinoamericana de Hidrología Subterránea para el Desarrollo.

Présentation

Ce livre n'est pas le fruit du hasard. C'est le résultat d'un travail long et coûteux. De patience, de lutte et de constance. De persévérance, d'amour et d'amitié. On y rencontre des gens qui rient, jouent au foot, contemplent un paysage bucolique, luttent pour la vie, transportent de l'eau ou du bois sur la tête, descendent les fleuves – qui sont les routes naturelles dans la dense forêt tropicale –, élèvent des chèvres, participent à une chevauchée. La photografie met en scène notre riche folklore, notre biodiversité – des oiseaux nichés ou qui s'envolent, des fleuves, marais et lacs – des paysages qui combinent la beauté des bois au mystère aquatique des nénuphars, des chutes d'eau, des dunes, des falaises, la brousse, des grottes, des formations rocheuses et des canyons, de modestes maisons avec du linge sur l'étendage... Le tout d'une manière morcelée dont l'ensemble forme un harmonieux chaos.

L'ensemble des photos présenté dans ce livre reproduit l'habitat où les principaux types de vie cohabitent et interagissent, c'est une invitation à la valorisation de nos contrastes naturels et sociaux. En enregistrant des moments précieux des gens, de la flore, de la faune et du paysage de son pays, Araquém Alcântara offre au lecteur une représentation poétique du quotidien brésilien.

Durant toute ma vie professionnelle, j'ai été amené à réaliser un travail principalement technique. En lisant ce livre, j'ai eu l'occasion d'établir un contact plus directe avec mon peuple, son dur labeur et nos paysages. Ecrire la présentation de ce recueil de photos a été, pour moi, une riche expérience, me permettant de retrouver les racines mêmes de la vie, de retrouver mon âme et de parler des choses que j'aime tant.

L'essence de ce livre réside dans la continuité et l'unité du travail présenté, dans la coexistence poétique de tant de diversité. Je me sens comblé d'avoir participé au projet ludique de quelqu'un qui a su photographier des choses qui m'ont enchanté avec tant d'harmonie.

Professeur Aldo da Cunha Rebouças
Institut d'Études Avancées de l'Université de São Paulo
Ex-président de l'Association Latino-américaine d'Hydrologie Souterraine pour le Développement

Vista do Corcovado ao
entardecer, a partir do
Parque Nacional
da Tijuca.

*View of Corcovado in
the evening from
Tijuca National Park.*

*Vista del Corcovado al
atardecer desde el
Parque Nacional da
Tijuca.*

*Vue du Corcovado au
couché du soleil depuis
le Parc National de la
Tijuca.*

R i o   d e   J a n e i r o - R J

Folia de São Benedito, festa tradicional dos negros remanescentes de quilombos, no Rio Trombetas, baixo Amazonas.

Folia de São Benedito, a traditional celebration of the descendants from the quilombos, on the Trombetas River in southern Amazonas.

Romería de São Benedito, fiesta tradicional de los negros provenientes de los quilombos, junto al Río Trombetas, en el bajo Amazonas.

Fête de Saint Benoît, célébration traditionnelle des noirs descendants des quilombos, sur le rive du Fleuve Trombetas en basse Amazonie.

Oriximiná - PA

Menino na cidade que é a porta de entrada das Reentrâncias Maranhenses, um dos maiores complexos manguezais do país.

A boy in the town which forms the entrance to Reentrâncias Maranhenses, one of the largest mangrove swamps in the country.

Niño en la ciudad que sirve de entrada a las Reentrâncias Maranhenses, uno de los mayores laberintos de mangles del país.

Enfant du village consideré la porte d'entrée des Reentrâncias Maranhenses, l'un des plus grands marais du Brésil.

Cururupu - MA

Buíque-PE

Vaqueiro encourado do Vale do Catimbau, local de formações rochosas encravado no sertão pernambucano.

A leather clad cowboy from the Catimbau Valley, an area where rock formations are embedded in the arid wilderness of Pernambuco.

Vaquero, en su traje típico de cuero, originario del Valle de Catimbau, paraje de formaciones rocosas enclavado en el páramo pernambucano.

Vacher vêtu de cuir dans la Vallée du Catimbau, lieu de formations rocheuses dans la brousse du Pernambuco.

Menino voltando da pesca com seus covos (armadilhas de pescaria de tradição indígena).

A boy returning from fishing with his covos (tradicional wicker traps of the indigenous people).

Niño volviendo de pescar con los covos (artes de pesca de tradición indígena).

L'enfant au retour de la pêche porte ses covos (piège à poisson de tradition indienne).

Lagoa Dourada na
Fazenda Bom Retiro.
Detalhe de pernilongos,
aves aquáticas da região.

*Lagoa Dourada on the
Bom Retiro Farm. Detail
of pernilongos, shore birds
from the region.*

*Laguna Dourada en la
Fazenda Bom Retiro.
Detalle de pernilongos,
aves acuáticas
características de la región.*

*Lagoa Dourada dans la
Ferme Bom Retiro. Détail
de pernilongos, oiseaux
aquatiques de la région.*

Pescadores de
lagosta voltam da
pesca com as
armadilhas para
consertá-las.

*Lobster fishermen
returning from
fishing in order to
repair their traps.*

*Pescadores de
langosta vuelven de
mariscar con sus
artes de pesca para
arreglarlas.*

*Pêcheurs de
langouste au retour
de la pêche
ramenant les pièges
pour les réparer.*

Redondas-CE

Barco a vela nas Reentrâncias Maranhenses, próximo à Ilha de Lençóis.

A sailing boat at Reentrâncias Maranhenses, near Lençóis Island.

Barco de vela en las Reentrâncias Maranhenses, cerca de la Isla de Lençóis.

Bateau à voile dans les Reentrâncias Maranhenses, près de l'Île de Lençóis.

Cururupu-MA

Cavaleiro
mascarado das
Cavalhadas, festa
anual celebrada com
a encenação da luta
entre cristãos e
mouros.

*A masked horseman
of the Cavalhadas,
an annual
celebration which
includes the staging
of a battle between
the christians and
the moors.*

*Jinete enmascarado
en las Cavalhadas,
fiesta anual en la que
se escenifican las
luchas entre moros y
cristianos.*

*Chevalier masqué
pendant les
Cavalhadas,
célébration annuelle
mettant en scène la
bataille entre maures
et chrétiens.*

Pirinópolis-GO

18

Atobá alça vôo do ninhal na Ilha Siriba, no Parque Marinho de Abrolhos.

A atobá flying from its nest on Siriba Island, in Abrolhos Marine Park.

Un atobá alza el vuelo desde el nido, en la Isla Siriba, en el Parque Marinho de Abrolhos.

Un atobá prend son vol de l'Île de Siriba, dans le Parc Marin de Abrolhos.

Caravelas - BA

Canoa Quebrada-CE

Praia de Redondas, vila de pescadores com falésias avermelhadas e recifes, a 50 km de Canoa Quebrada.

The Redondas Beach, a fishing village with red cliffs and reefs, 50 km from Canoa Quebrada.

Playa de Redondas, aldea de pescadores con sus acantilados rojizos y arrecifes, a 50 km de Canoa Quebrada.

La Plage de Redondas, un village de pêcheurs entouré de falaises rougeâtres à 50 km de Canoa Quebrada.

Pescadores na Praia de Castelhanos. Voltada para o oceano, é uma das mais belas da ilha.

Fishermen on Castelhanos Beach. Facing the ocean, it is one of the most beautiful beaches on island.

Pescadores en la Playa de Castelhanos. Orientada hacia el océano, es una de las más hermosas de la isla.

Les pêcheurs quittent la Plage de Castelhanos, l'une des plus belles de l'ile, face à l'océan.

Ilhabela - SP

Cachoeira da
Pedra da Lua
Branca, no
Rio Urubuí.

*Pedra da Lua
Branca Waterfall,
on the Urubuí
River.*

*Cascada da Pedra
da Lua Branca,
en el Río Urubuí.*

*La cascade Pedra
da Lua Branca,
sur le Fleuve
Urubuí.*

Presidente Figueiredo-AM

Praia de falésias ao norte de Salvador.　　　*Beach with cliffs in the north of Salvador.*　　　*Playa con acantilados, al norte del Salvador.*　　　*Plage entourée de falaises au nord de Salvador.*

Porto Sauípe-BA

Guaraqueçaba-PR

Camisas do time de futebol de Vila Fátima, da Ilha do Superagüi, dentro do Parque Nacional do Superagüi.

Shirts belonging to the Vila Fátima soccer team, on the Superagüi Island in the Superagüi National Park.

Camisetas del equipo de fútbol de Vila Fátima, de la Isla de Superagüi, en el Parque Nacional de Superagüi.

Maillots de football de l'équipe de Vila Fátima sur l'Île de Superagüi, dans le Parc National de Superagüi.

Detalhe das cataratas vistas da Mata Atlântica, dentro do Parque Nacional do Iguaçu.

Detail of the waterfalls seen from the Atlantic Forest in Iguaçu National Park.

Detalle de las cataratas vistas desde la Mata Atlántica, en el interior del Parque Nacional do Iguaçu.

Détail des chutes vues depuis la Forêt Atlantique, dans le Parc National de l'Iguaçu.

Foz do Iguaçu - PR

Florianópolis-SC

Entardecer no bairro de Santo Antônio de Lisboa, vila mais antiga da ilha, reduto da cultura açoriana.

Evening in Santo Antônio de Lisboa, the oldest village on island, full of azorian culture.

Atardecer en el barrio de Santo Antonio de Lisboa, la aldea más antigua de la isla, reducto de la cultura açoriana.

Fin d'après midi à Santo Antônio de Lisboa, le plus ancien quartier de l'île, où vivent les descendants des açoréens.

Periquitambóia, cobra
tranqüila e não-
venenosa da
Amazônia, próxima ao
Rio Urubaxi.

*Periquitambóia, a
placid non-venomous
Amazonian snake, near
the Urubaxi River.*

*Periquitambóia,
serpiente pacífica y no
venenosa del
Amazonas, cerca del
Río Urubaxi.*

*Periquitamboia, serpent
non-venimeux et
paisible de l'Amazonie,
près du Fleuve Urubaxi.*

Santa Isabel do Rio Negro-AM

São Joaquim-SC

Pedra Furada,
no Parque
Nacional de
São Joaquim.

*Pedra Furada,
in São Joaquim
National Park.*

*Pedra Furada,
en el Parque
Nacional de
São Joaquim.*

*Pedra Furada,
dans le Parc
National de
São Joaquim.*

Aquidauana-MS

Araras azuis comendo coco do Acuri, próximo ao Rio Aquidauana.

Blue Macaws eating palm nuts from the Acuri Palm near the Aquidauana River.

Araras azules comiendo cocos de Acuri, cerca del Río Aquidauana.

Aras bleus mangeant des noix de palmier d'Acuri, près du Fleuve Aquidauana.

Buíque-PE

Jovem do Vale do Catimbau traz lenha para o fogo.

A young woman from the Catimbau Valley bringing firewood.

Una joven del Valle de Catimbau carga leña para encender fuego.

Une jeune femme dans la Vallée du Catimbau transporte du bois pour le feu.

Vista do Morro Chapéu Chinês a partir do Jardim de Maytrea, no Parque Nacional da Chapada dos Veadeiros.

View of the Chapéu Chinês Hill from the Maytrea Garden in the Chapada dos Veadeiros National Park.

Vista del Cerro Chapéu Chinês desde el Jardín de Maytrea, en el Parque Nacional da Chapada dos Veadeiros.

Vue de la Montagne Chapéu Chinês à partir du Jardin de Maytrea, dans le Parc National de la Chapada dos Veadeiros.

Alto Paraíso de Goiás-GO

Formação rochosa no Parque Nacional da Serra do Cipó.

Rock formation in the Serra do Cipó National Park.

Formación rocosa en el Parque Nacional da Serra do Cipó.

Formation rocheuse dans le Parc National de la Serra do Cipó.

Cardeal Mota - MG

Catador de piaçaba (espécie de cipó), no Rio Aracá.

A collector of piaçaba (a type of tropical vine) on the Aracá River.

Recolector de piaçaba (especie de liana), en el Río Aracá.

Cueilleur de piassava (espèce de liane), dans le Fleuve Aracá.

Barcelos-AM

Bromélia no Monte Roraima, que possui 2.875m de altitude.

Bromelia on Mount Roraima, 2,875m in altitude.

Bromelia en el Monte Roraima, que tiene 2.875m de altitud.

Broméliacée au Mont Roraima, qui s'élève à 2.875m d'altitude.

Praia de Ponta Grossa, a 54 km de Canoa Quebrada, com falésias avermelhadas, recifes e dunas.

Ponta Grossa Beach, 54 km from Canoa Quebrada, with red cliffs, reefs and dunes.

Playa de Ponta Grossa, a 54 km de Canoa Quebrada, con acantilados rojizos, arrecifes y dunas.

Plage de Ponta Grossa, à 54 km de Canoa Quebrada, entourée de falaises rougeâtres, de récifs et de dunes.

Canoa Quebrada-CE

Palmeiras-BA

Rio Fumaça, no Parque Nacional da Chapada Diamantina.

Fumaça River in the Chapada Diamantina National Park.

Río Fumaça, en el Parque Nacional da Chapada Diamantina.

Fleuve Fumaça, dans le Parc National de la Chapada Diamantina.

Paulo Afonso-BA

Vaqueiro encourado no Raso da Catarina, reserva ecológica no sertão baiano, totalmente intocada.

A leather-clad cowboy in Raso da Catarina, a totally untouched ecological reserve in the remote interior of Bahia.

Vaquero, en su traje típico de cuero, en el Raso da Catarina, reserva ecológica que se mantiene intacta en el páramo baiano.

Vacher vêtu de cuir dans le Raso da Catarina, réserve écologique dans la brousse préservée de Bahia.

Cachoeira Formosa, próxima ao Rio Tocantins.

Formosa Waterfall, near Tocantins River.

Cascada Formosa, cerca del Río Tocantins.

Cascade Formosa, près du Fleuve Tocantins.

Carolina-MA

Pastores de cabras na Praia de Caburé, na área conhecida como Pequenos Lençóis Maranhenses.

Goat herders on Caburé Beach, in the area known as Little Lençóis Maranhenses.

Pastores de cabras en la Playa de Caburé, en la zona conocida como Pequenos Lençóis Maranhenses.

Des bergers et leurs chèvres sur la Plage de Caburé, dans une région connue comme les Petits Lençóis Maranhenses.

Caraíva-BA

Vista da praia, ao fundo, e do Rio Caraíva, onde navega um barco de pescadores.

View of the beach in the background and a fishing boat floating on the Caraíva River.

Vista de la playa, al fondo, y del Río Caraíva, con un barco de pesca.

Sur fond de plage, un bateau de pêche navigue sur le Fleuve Caraíva.

Mostardas-RS

Revoada de talha-
mares no Parque
Nacional da
Lagoa do Peixe.

*A flock of black
skimmers in Lagoa
do Peixe National
Park.*

*Bando de talha-
mares en el Parque
Nacional da
Lagoa do Peixe.*

*Envol de talha-
mares dans le Parc
National de la
Lagoa do Peixe.*

Vitórias-régias ao norte do Pantanal Mato-grossense, onde a vegetação se aproxima da vegetação amazonense.

Amazon water lilies in the north of the Pantanal Mato-grossense, where the vegetation is similar to that of Amazonas.

Victórias-regias, planta acuática de tipo nenúfar, al norte del Pantanal Mato-grossense, cuya vegetación es similar a la que se da en la Amazonia.

Nénuphars au nord du Pantanal Mato-grossense, où la végétation commence à se ressembler à celle de l'Amazonie.

Cáceres-MT

Tuiuiú alçando vôo no
Pantanal Mato-grossense.

*Tuiuiú taking off in the
Pantanal Mato-grossense.*

*Tuiuiú alzando el vuelo, en
el Pantanal Mato-
grossense.*

*Le Tuiuiú prend son vol
dans le Pantanal Mato-
grossense.*

Corumbá-MS

São Gabriel da Cachoeira-AM

Detalhe do Rio Negro, o maior afluente do Rio Amazonas.

Detail of the Rio Negro, the biggest tributary of the Amazon River.

Detalle del Río Negro, el mayor afluente del Río Amazonas.

Détail du Fleuve Negro, le plus grand affluent de l'Amazone.

Arco-íris duplo na
estrada do Coité,
Parque Nacional da
Chapada
Diamantina.

*Double rainbow on
the Coité Road,
Chapada Diamantina
National Park.*

*Doble arco iris en la
carretera de Coité, en
el Parque Nacional da
Chapada
Diamantina.*

*Double arc-en-ciel sur
la route du Coité, au
Parc National de la
Chapada
Diamantina.*

Lençóis-BA

Salvaterra-PA

Pescador esperando a maré alta para pescar, na Ilha de Marajó.

Fisherman awaiting high tide in order to fish, on Marajó Island.

Pescador esperando la marea alta para pescar, en la Isla de Marajó.

Pécheur attendant la marée montante pour partir à la pêche. Île de Marajó.

São Raimundo Nonato-PI

Baixão da Pedra Furada, com sítios arqueológicos e pinturas rupestres, no Parque Nacional da Serra da Capivara.

Baixão da Pedra Furada, with archaeological sites and cave paintings, in the Serra da Capivara National Park.

Baixão da Pedra Furada, con yacimientos arqueológicos y pinturas rupestres, en el Parque Nacional da Serra da Capivara.

Baixão da Pedra Furada, lieu de sites archéologiques et de peintures rupestres, dans le Parc National de la Serra da Capivara.

Vista da Praia do Rio Verde, na
Estação Ecológica Juréia-Itatins.

*View of the Rio Verde Beach, at the
Juréia-Itatins Ecological Station.*

Vista de la Playa de Río Verde, en la
Estación Ecológica Juréia-Itatins.

*Vue de la Plage du Rio Verde. Parc
Écologique Juréia-Itatins.*

Peruíbe-SP

Caverna da Torrinha, com formações raras como a estalactite com cristal transparente, no Parque Nacional da Chapada Diamantina.

Torrinha Cave, with rare formations such as the transparent crystal stalactites, in the Chapada Diamantina National Park.

Caverna da Torrinha, con raras formaciones como la estalactita de cristal transparente, en el Parque Nacional da Chapada Diamantina.

La grotte de la Torrinha et ses formations rares telle la stalactite en cristal transparent. Parc National de la Chapada Diamantina.

Lençóis-BA

Florianópolis-SC

Lagoa do Peri.

Lake Peri.

Laguna do Peri.

Étang de Peri.

Trilha para a
Cachoeira das
Araras,
margeando o
Rio Urubuí.

*Trail to the
Araras Falls
along the
Urubuí River.*

*Camino hacia
la Cascada das
Araras, que
bordea el Río
Urubuí.*

*Vue de la
Cascade des
Aras sur le
Fleuve Urubuí.*

Presidente Figueiredo-AM

Árvore solitária na parte norte do Pantanal Mato-grossense.

A lone tree in the northern part of the Pantanal Mato-grossense.

Árbol solitario en la región norte del Pantanal Mato-grossense.

Arbre solitaire dans la partie nord du Pantanal Mato-grossense.

Poconé-MT

Barreirinhas-MA

Queimada dos Britos, um oásis dentro do Parque Nacional dos Lençóis Maranhenses, onde os habitantes sobrevivem criando cabras.

Queimada dos Britos, an oasis in the Lençóis Maranhenses National Park where the inhabitants survive rearing goats.

Queimada dos Britos, un oasis en el Parque Nacional dos Lençóis Maranhenses, cuyos habitantes sobreviven criando cabras.

Queimada dos Britos, un oasis dans le Parc National des Lençóis Maranhenses où les habitants survivent en élevant des chèvres.

Criança caiçara na Praia do Bonete, a 4 horas de caminhada de Sepituba, no sul da ilha.

A native child at Bonete Beach, which is a 4-hours-walk distant from Sepituba Beach in the south of the island.

Niño caiçara en la playa de Bonete, a 4 horas de camino de Sepituba, en el sur de la isla.

Enfant natif de la Plage de Bonete, à 4 heures de marche de Sepituba, au sud de l'île.

Ilhabela-SP

Comércio no pequeno vilarejo
do baixo Amazonas.

*Commercial building in a small
village in southern Amazonas.*

Mercado en una pequeña aldea
del bajo Amazonas.

*Commerce dans un petit village
de la basse Amazonie.*

Alenquer-AM

Braço do Rio
Cuiabá, no
Pantanal Sul.

*Branch of the
Cuiabá River,
in the South
Pantanal.*

*Brazo del Río
Cuiabá, en el
Pantanal Sul.*

*Bras du Fleuve
Cuiabá, dans
le Pantanal
Sud.*

Cachoeira da Garganta do Diabo, a mais alta queda das cataratas do Iguaçu.

Garganta do Diabo Falls, the highest of the falls of Iguaçu.

Garganta do Diabo, la cascada más alta de las cataratas del Iguaçu.

Garganta do Diabo, la plus haute chute d'eau des chutes d'Iguaçu.

Foz do Iguaçu-PR

Detalhe de lagoa com bromélias no alto do Parque Nacional do Monte Roraima.

Detail of a lake with bromelias, high in the Mount Roraima National Park.

Detalle de una laguna con bromelias, en las regiones altas del Parque Nacional do Monte Roraima.

Bromeliacées sur les hauteurs du Mont Roraima, Parc National de même nom.

Chapada dos Guimarães-MT

Cidade de Pedra, formações rochosas
lembrando muralhas e castelos, no Parque
Nacional da Chapada
dos Guimarães.

*Cidade de Pedra, rock formations reminiscent
of battlements and castles, in the Chapada dos
Guimarães National Park.*

*Cidade de Pedra, formaciones rocosas que
semejan murallas y castillos, en el Parque
Nacional da Chapada dos Guimarães.*

*Cidade de Pedra, formation rocheuse qui
rappelle des murailles et des châteaux, dans le
Parc National de la Chapada dos Guimarães.*

Dunas na Estação Ecológica do Taim, chamada de Pantanal Gaúcho pela riqueza da fauna e o solo alagado.

Dunes at the Taim Ecological Reserve, called the Pantanal Gaúcho because of the richness of its fauna and flooded terrain.

Dunas en la Estación Ecológica de Taim, conocida como Pantanal Gaúcho por su rica fauna y terreno pantanoso.

Dunes au Parc Écologique du Taim, également connu comme le Pantanal Gaúcho en raison de la richesse de sa faune et de ses marécages.

Rio Grande-RS

Fernando de Noronha-PE

Filhote de atobá (em tupi: "aquele que sobrevive"), no Parque Nacional Marinho de Fernando de Noronha.

Young atobá (in the Tupi language: "he who survives"), in the Fernando de Noronha Marine National Park.

Cría de atobá (en lengua tupí: "aquel que sobrevive"), en el Parque Nacional Marinho de Fernando de Noronha.

Petit atobá (en langue tupi: "celui qui survit"), Parc National Marin de Fernando de Noronha.

Vista aérea do Arquipélago de Anavilhanas, o segundo maior arquipélago fluvial do mundo, no Rio Negro.

Aerial view of the Anavilhanas Archipelago, the second largest fluvial archipelago in the world, in the Rio Negro.

Vista aérea del archipiélago fluvial de Anavilhanas, uno de los mayores del mundo, en el Río Negro.

Vue aérienne de l'archipel de Anavilhanas, le second plus grand archipel fluvial du monde, sur le Fleuve Negro.

Barcos no porto. Constituído de cais flutuantes, é o ponto de encontro do povo do interior da Amazônia, onde vendem-se principalmente peixes e frutos.

Boats in the port. Made up of floating docks, it is the meeting place for people from Amazonian interior, where they sell mainly fish and fruit.

Barcos en el puerto. Formado por muelles fluctuantes, es el punto de encuentro de las gentes del interior del Amazonas, donde se vende pescado y frutas.

Bateaux au port. Constitué de quais flottants, le port de Manaus est le point de rendez-vous de la population de l'intérieur de l'Amazonie, qui vient y vendre ses poissons et ses fruits.

Manaus - AM

Pedra Furada no Parque Nacional da Serra da Capivara.

Pedra Furada in the Serra da Capivara National Park.

Pedra Furada en el Parque Nacional da Serra da Capivara.

Pedra Furada. Parc National de la Serra da Capivara.

São Raimundo Nonato-PI

Galinhos-RN

Pescador e
barco em
Galinhos,
praia próxima
a Macau.

*A Fisherman
and a boat at
Galinhos, a
beach near
Macau.*

*Pescador y
barco en
Galinhos,
playa próxima
a Macau.*

*Pêcheur et
bateau au large
de Galinhos,
plage près de
Macau.*

Cuiabá-MT

Urubu-rei no Pantanal Mato-grossense.

Urubu-rei in the Pantanal Mato-grossense.

Urubu-rei en el Pantanal Mato-grossense.

Un urubu-rei dans le Pantanal Mato-grossense.

Gavião em
árvore seca no
Parque Nacional
Grande Sertão
Veredas.

*A hawk in a dry
tree in the
Grande Sertão
Veredas National
Park.*

*Gavilán posado
en un árbol seco
en el Parque
Nacional Grande
Sertão Veredas.*

*Gavião sur un
arbre sec dans le
Parc National
Grande Sertão
Veredas.*

Chapada Gaúcha-MG

Tefé-AM

Anoitecer no Rio Solimões.

Nightfall on the Solimões River.

Anochecer en el Río Solimões.

Tombée de la nuit sur le Fleuve Solimões.

Construção colonial
no centro velho.

*Colonial
construction in the
old center.*

*Construcción
colonial en el casco
antiguo de la ciudad.*

*Construction
coloniale dans le
vieux centre.*

Tiradentes-MG

Santa Cruz de Cabrália-BA

Crianças jogando futebol. Ao fundo, a Cruz da Primeira Missa no Brasil.

Children playing soccer. In the background, the Cross of the First Mass in Brazil.

Niños jugando al fútbol. Al fondo, la Cruz de la Primera Misa en Brazil.

Enfants jouant au foot. Au fond, la Croix de la Première Messe au Brésil.

Monte Alegre-PA

Altar da Pedra, formação rochosa em área repleta de pinturas rupestres datando de 12.000 anos.

Altar de Pedra, a rock formation in an area full of 12,000-year-old rock paintings.

Altar da Pedra, formación rocosa situada en una región rica en pinturas rupestres de hace 12.000 años.

Altar da Pedra, formation rocheuse dans une région riche en peintures rupestres datant de 12.000 ans.

Soure-PA

Ilha de Canelas, junto à Ilha de Marajó.

Canelas Island, beside Marajó Island.

Isla de Canelas, junto a la Isla de Marajó.

Île de Canelas, près de l'Île de Marajó.

Mico-de-cheiro
no Parque
Nacional da Serra
do Divisor.

*Mico-de-cheiro in
the Serra do
Divisor National
Park.*

Mico-de-cheiro en
el Parque
Nacional da Serra
do Divisor.

*Mico-de-cheiro
au nord du Parc
National de la
Serra do Divisor.*

Marechal Thaumaturgo-AC

São Félix do Araguaia-MT

Canoa de índio
Carajá no Rio
Araguaia.

*Canoe of a Carajá
indian on the
Araguaia River.*

Canoa de indio
Carajá en el Río
Araguaia.

*Pirogue typique des
indiens Carajás sur le
Fleuve Araguaia.*

Galo-da-serra,
espécie em
extinção.

*Galo-de-serra, a
species threatened
with extinction.*

*Galo-da-serra,
especie en
extinción.*

*Galo-de-serra,
espèce en voie
d'extinction.*

Ilhabela-SP

Pôr-do-sol
na Praia de
Pacuíba, ao
norte de
Ilhabela.

*Sunset on
Pacuíba
Beach, in
the north of
Ilhabela.*

*Puesta de
sol en la
Playa de
Pacuíba, al
norte de
Ilhabela.*

*Couché de
soleil sur la
Plage de
Pacuíba, au
nord
d'Ilhabela.*

Revoada de garças cabeças-secas
no Pantanal Mato-grossense.

*Flock of bald ibis in the
Pantanal Mato-grossense.*

Bando de garças cabeças-secas
en el Pantanal Mato-grossense.

*Envol de garças-cabeça-secas dans
le Pantanal Mato-grossense.*

Cáceres-MT

Xique-xique do Igatu-BA

Criança indo buscar água, na Chapada Diamantina.

Child going to fetch water, in Chapada Diamantina.

Niño yendo a buscar agua, en la Chapada Diamantina.

Enfant allant chercher de l'eau, dans la Chapada Diamantina.

Rio Araguaia, próximo ao Parque Nacional do Araguaia.

Araguaia River, near the Araguaia National Park.

Río Araguaia, cerca del Parque Nacional do Araguaia.

Fleuve Araguaia, près du Parc National de l'Araguaia.

Santa Terezinha-TO

Lençóis - BA

Rio Roncador, com a água vermelha pela alta presença de ferro, e piscinas naturais entre as pedras.

Roncador River with red water due to the concentration of iron, and natural swimming pools among the rocks.

Río Roncador, de aguas rojas debido a la elevada presencia de hierro, y piscinas naturales entre las piedras.

Fleuve Roncador, dont l'eau est rouge en raison de la présence de fer, et il y a des piscines naturelles entre les roches.

Ribeirão do Lavrado.   *Lavrado Stream.*   *Regato do Lavrado.*   *Ruisseau du Lavrado.*

Morro Dois Irmãos, visto da Praia da Cacimba do Padre, no lado oeste da ilha.

Dois Irmãos Hills, seen from Cacimba do Padre Beach on the west of the Fernando de Noronha Island.

Cerro Dois Irmãos, visto desde la Playa da Cacimba do Padre, al oeste de la isla.

Mont Dois Irmãos, vu de la Plage Cacimba do Padre, du coté ouest de l'Île de Fernando de Noronha.

Fernando de Noronha-PE

Barra do Caí-BA

Praia ao sul da Bahia, próxima ao Parque Nacional do Descobrimento, onde desembarcou a frota de Cabral.

A beach in the south of Bahia, near the Descobrimento National Park where Cabral's fleet disembarked.

Playa al sur de Bahia, cerca del Parque Nacional do Descobrimento, donde desembarcó la flota de Cabral.

Plage au sud de Bahia, près du Parc National du Descobrimento, où a eu lieu le débarquement de la flotte de Cabral.

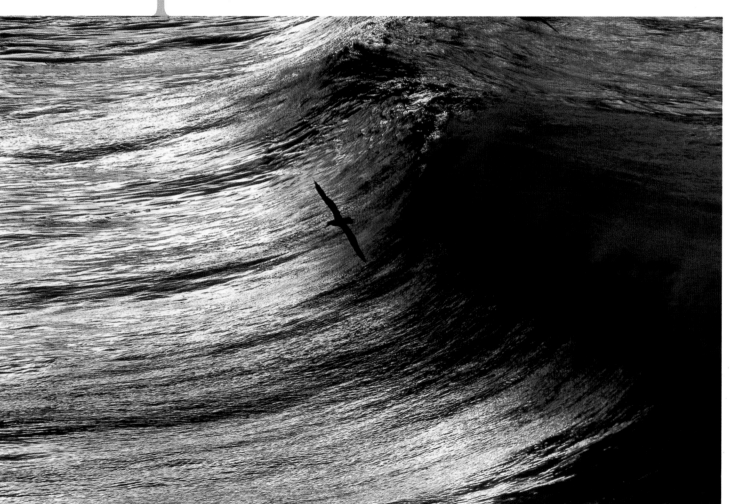

Fragata na praia
na Baía do
Sancho.

*Frigate bird on
the beach, in
Sancho Bay.*

*Alcatraz en la
playa de la Bahía
de Sancho.*

*Frégate survolant
la Baie du
Sancho.*

Bonito-MS

Vaqueiro ao amanhecer na estrada para a Ilha do Padre.

Cowboy at dawn on the road to Padre Island.

Vaquèro al amanecer en la carretera que va a la Ilha do Padre.

Vacher au lever du jour sur la route de l'Île du Padre.

Paulo Afonso-BA

Caatinga no Raso da Catarina.

Dry bushland of Raso da Catarina.

Caatinga en el Raso da Catarina.

Raso da Catarina, brousse de Bahia.

Formação rochosa no Parque Estadual da Pedra Furada, no sertão pernambucano.

Rock formation in the State Park of Pedra Furada, in the pernambucan backcountry.

Formación rocosa en el Parque Estadual da Pedra Furada, en el páramo pernambucano.

Formation rocheuse dans le Parc Régional de la Pedra Furada, dans la brousse du Pernambuco.

Venturosa-PE

Araracanga no Parque Nacional da Amazônia.

Araracanga in the Amazonia National Park.

Araracanga en el Parque Nacional da Amazônia.

Araracanga dans le Parc National de l'Amazonie.

Itaituba-PA

Beberibe - CE

Praia do Morro Branco, onde as falésias têm diferentes cores.

Morro Branco Beach, where the cliffs vary in color.

Playa del Morro Branco, donde los acantilados presentan diversos colores.

Plage du Morro Branco, aux falaises de couleurs variées.

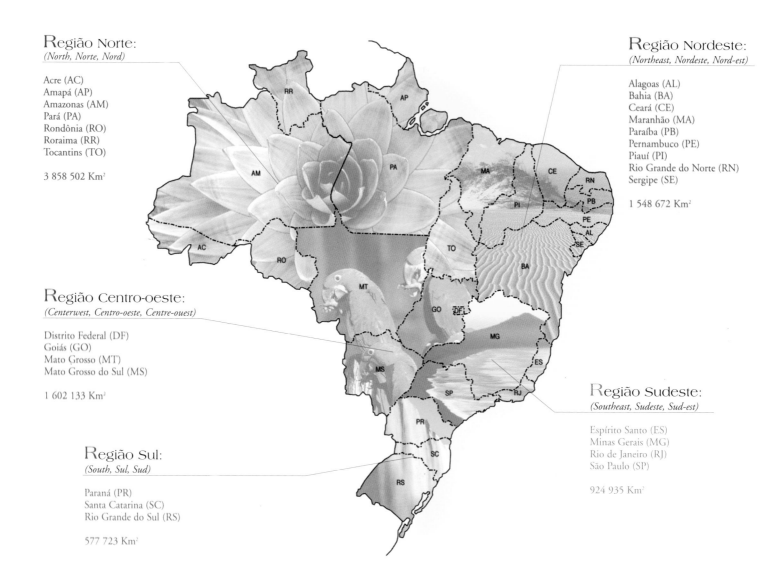

Região Norte:
(North, Norte, Nord)

Acre (AC)
Amapá (AP)
Amazonas (AM)
Pará (PA)
Rondônia (RO)
Roraima (RR)
Tocantins (TO)

3 858 502 Km²

Região Nordeste:
(Northeast, Nordeste, Nord-est)

Alagoas (AL)
Bahia (BA)
Ceará (CE)
Maranhão (MA)
Paraíba (PB)
Pernambuco (PE)
Piauí (PI)
Rio Grande do Norte (RN)
Sergipe (SE)

1 548 672 Km²

Região Centro-oeste:
(Centerwest, Centro-oeste, Centre-ouest)

Distrito Federal (DF)
Goiás (GO)
Mato Grosso (MT)
Mato Grosso do Sul (MS)

1 602 133 Km²

Região Sudeste:
(Southeast, Sudeste, Sud-est)

Espírito Santo (ES)
Minas Gerais (MG)
Rio de Janeiro (RJ)
São Paulo (SP)

924 935 Km²

Região Sul:
(South, Sul, Sud)

Paraná (PR)
Santa Catarina (SC)
Rio Grande do Sul (RS)

577 723 Km²

Araquém Alcântara, 50 anos, é um dos mais importantes fotógrafos brasileiros de natureza na atualidade. Em mais de três décadas de andanças pelo Brasil, ganhou 34 prêmios nacionais e 5 internacionais, realizou centenas de exposições individuais e coletivas e produziu reportagens sobre o tema da ecologia para jornais e revistas como O *Estado de S. Paulo, Jornal da Tarde, Veja, Isto É, Terra, Elle, Marie Claire* e *National Geographic.*

Considerado um dos precursores deste gênero de fotografia no país, por seu trabalho de documentação sistemática dos santuários ecológicos nacionais, suas fotos fazem hoje parte de coleções de importantes museus, entre eles o Centro Cultural Georges Pompidou, de Paris.

Suas fotografias já foram publicadas em 11 livros, dentre os quais *Brasil Restratos Poéticos 1*, lançado pela Escrituras Editora 1996 e que hoje está em sua 4ª edição.

Atualmente Araquém se dedica à produção de três novos livros, leciona fotografia e publica reportagens e ensaios fotográficos em revistas do Brasil e exterior.

Araquém Alcântara, 50 years old, is currently one of the most important Brazilian landscape photographers. For more than three decades, he has traveled throughout Brazil. He has won 34 national and five international awards, held hundreds of private and collective exhibitions and reported on ecological themes for publications such as O *Estado de S. Paulo, Jornal da Tarde, Veja, Isto É, Terra, Elle, Marie Claire* and *National Geographic.*

Considered one of the pioneers in this field of photography in Brazil for his work in the systematic documentation of the national ecological sanctuaries, today his photos form part of collections in important museums, among them the Georges Pompidou Cultural Center in Paris.

His photographs have been appeared in 11 books, among them *Brazil Poetic Portraits 1*, published by Escrituras Editora in 1996 wich today is in its 4th edition.

At present Araquém is concentrating on the production of three new books, teaching photography and publishing reports, and photographic essays in magazines in Brazil and overseas.

Araquém Alcântara, de 50 años, es hoy por hoy uno de los más representativos fotógrafos brasileños que retrata la naturaleza. A lo largo de algo más de tres décadas recorriendo las tierras brasileñas y registrando sus rincones, ha realizado innumerables exposiciones individuales y colectivas, así como numerosos reportajes sobre ecología para periódicos y revistas, tales como O *Estado de S. Paulo, Jornal da Tarde, Veja, Isto É, Terra, Elle, Marie Claire* y *National Geographic,* cosechando por su trabajo 34 premios nacionales y 5 internacionales.

Considerado como uno de los precursores de este género de fotografía en Brasil, debido a su labor de documentación sistemática de los santuarios ecológicos del país, sus fotografías enriquecen las colecciones de importantes museos, como el Centro Cultural Georges Pompidou, de París.

Sus fotografías ya se han publicado en once libros, entre los cuales cabe destacar *Brasil Retratos Poéticos 1*, de la Escrituras Editora, en 1996, que va por la cuarta edición.

Actualmente, Araquém prepara tres nuevos libros, imparte cursos de fotografía, y realiza reportajes y ensayos fotográficos para revistas brasileñas y de otros países.

Araquém Alcântara, 50 ans, est actuellement l'un des plus importants photographes de nature. Pendant plus de trois décennies il photographie le Brésil, gagne 34 prix nationaux et 5 internationaux, réalise des centaines d'expositions individuelles et collectives et produit des reportages sur l'écologie pour des journaux et des magazines tels que O *Estado de S. Paulo, Jornal da Tarde, Veja, Isto É, Terra, Elle, Marie Claire* et *National Geographic.*

Considéré l'un des précurseurs de ce genre de photographie dans le pays, grâces à son travail de documentation systématique des réserves écologiques nationales, ses photos font aujourd'hui partie des collections d'importants musées, parmi lesquels le Centre Georges Pompidou, à Paris.

Ses photographies ont déjà paru dans 11 livres, parmi lesquels *Brasil Retratos Poéticos 1*, publié par Escrituras Editora en 1996, aujourd'hui dans sa 4ème édition.

Actuellement Araquém se consacre à la production de trois nouveaux livres, il enseigne la photographie et prépare des reportages et des essais photographiques pour des magazines, au Brésil et à l'étranger.

Conheça mais o Brasil em outros livros da Escrituras Editora.
Learn more about Brazil in other books by Escrituras Editora.
Conozca más del Brasil con otros libros de Escrituras Editora.
Découvrez le Brésil à travers d'autres livres d' Escrituras Editora.

Rio de Janeiro cores e sentimentos
Rio de Janeiro colors and feelings
ISBN: 85-7531-032-1
Fotos/photos: **Walter Firmo**

Amazônia cores e sentimentos
Amazon colors and feelings
ISBN: 85-7531-033-X
Fotos/photos: **Leonide Principe**

São Paulo cores e sentimentos
São Paulo colors and feelings
ISBN: 85-7531-030-5
Fotos/photos: **Eduardo Castanho**

Brasil Retratos Poéticos 1
Brazil Poetic Portraits 1
ISBN: 85-86303-01-1
Poemas/poems/poèmes
Raimundo Gadelha

Fotos/photos
Araquém Alcântara
Bruno Alves
José Caldas

Pantanal cores e sentimentos
Pantanal colors and feelings
ISBN: 85-7531-034-8
Fotos/photos: **Fábio Colombini**

Bahia cores e sentimentos
Bahia colors and feelings
ISBN: 85-7531-055-0
Fotos/photos: **Mauricio Simonetti e Victor Andrade**

Brasil Retratos Poéticos 2
Brazil Poetic Portraits 2
ISBN: 85-86303-98-4
Poemas/poems/poèmes
Raimundo Gadelha

Fotos/photos
Edson Sato
Fábio Colombini
Maurício Simonetti
Walter Firmo

www.escrituras.com.br

Impresso em São Paulo, SP, em janeiro de 2003, nas oficinas da gráfica Takano
em papel couchê fosco 150g/m². Composto em Agaramond, corpo 8.5pt.

Não encontrando este título nas livrarias,
solicite-o diretamente à editora.

Escrituras Editora e Distribuidora de Livros Ltda.
Rua Maestro Callia, 123 - Vila Mariana – 04012-100 São Paulo, SP
Telefax: (11) 5082-4190 - http://www.escrituras.com.br
e-mail: escrituras@escrituras.com.br (Administrativo)
e-mail: vendas@escrituras.com.br (Vendas)
e-mail: arte@escrituras.com.br (Arte)